Das wünsche ich Dir von Herzen

Mit viel Herz für einen besonderen Menschen

bloomaris

Das wünsche ich Dir von Herzen.
Schön, dass es Dich gibt.

Danke.

Inhalt.

Für Dich.

Weil Du es wert bist, wünsch ich Dir von Herzen ...

Von:

Ich wünsche Dir,
dass sich Deine
großen und kleinen
Träume immer
erfüllen.

Trenne Dich nie von Deinen Illusionen und Träumen. Wenn sie verschwunden sind, wirst Du weiter existieren, aber aufgehört haben zu leben.

MARK TWAIN

Ich wünsche Dir,
dass Du jeden Tag
mit guter Laune
beginnen kannst.

Jede Minute, die man lacht,
verlängert das Leben um
eine Stunde.

SPICHWORT AUS CHINA

Ich wünsche Dir,
dass Du Andere mit
Deiner Energie
überrascht und
überzeugen kannst.

Energie ist ewige Freude.

WILLIAM BLAKE

Ich wünsche Dir,
dass Du Deine
großen und kleinen
Sorgen mit
Jemandem
teilen kannst.

In der Freundschaft zählen nicht Alter, weder Rang noch Verwandtschaft und Beziehung. Wer einen Freund sucht, sucht den Charakter.

MONG DSI

Ich wünsche Dir nach einem Streit, dass es danach immer wieder aufklart und die dicke Luft verfliegt.

Möge nach jedem Gewitter ein
Regenbogen über Deinem
Haus stehen.

ALTIRISCHER SEGENSWUNSCH

Ich wünsche Dir
den Mut, die Welt zu
bereisen, aber auch den
Wunsch, immer wieder
gerne nach Hause
zurückzukehren.

Man muss immer etwas haben,
worauf man sich freut.

EDUARD MÖRIKE

Ich wünsche Dir,
dass Du im Jetzt
leben und zufrieden
auf die Vergangenheit
blicken kannst und
dem Neuen offen
entgegenblickst.

Alles Alte, soweit es den Anspruch darauf verdient hat, sollen wir lieben; aber für das Neue sollen wir eigentlich leben.

THEODOR FONTANE

Ich wünsche Dir, das Diejenigen, die bei Dir Hilfe suchen, Trost und Unterstützung finden.

Kein besseres Heilmittel gibt es im Leid als eines Freundes Zuspruch.

EURIPIDES

Ich wünsche Dir, dass Du hoffnungsvoll bleibst, wenn sich eine Tür schließt und daran denkst, dass sich dann garantiert irgendwo eine Andere öffnet.

Offenheit ist ein Schlüssel,
der viele Türen öffnen kann.

ERNST FERSTL

Ich wünsche Dir, dass Du liebevolle Menschen um Dich herum hast, die Dich zum Lachen bringen.

Der verlorenste Tag ist der, an dem man nicht gelacht hat.

NICOLAS CHAMFORT

Ich wünsche Dir, dass Du einen Menschen an Deiner Seite hast, mit dem Du erleben kannst, wie sich wahre Liebe anfühlt.

Wo es Liebe regnet, wünscht
sich keiner einen Schirm.

AUS DÄNEMARK

Ich wünsche Dir, dass Du Dir ein wenig Ruhe gönnst und Du Dir bewusst eine Auszeit nimmst, wenn Dir alles zu viel wird.

Man muss dem Körper Gutes tun, damit die Seele Lust hat, darin zu wohnen.

WINSTON CHURCHILL

Ich wünsche Dir, dass Dir das Leben zu allen Zeiten die schönsten Gedanken und Erlebnisse in Dein Herz schreibt.

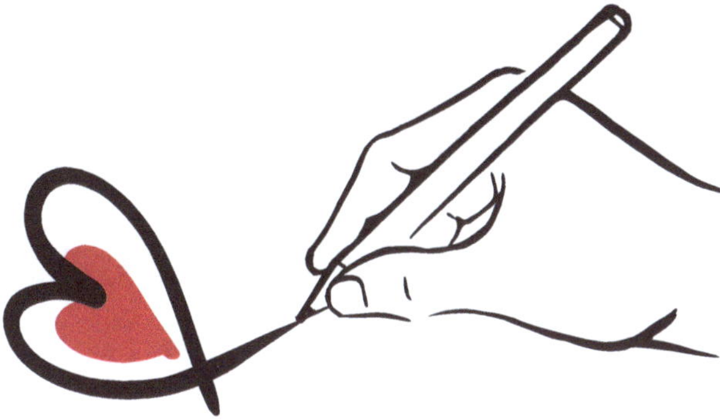

Das Herz bleibt ein Kind

FRANCESCO PETRARCA

*Ich wünsche Dir,
dass Du jeden Tag ein
kleines Stückchen
Glück findest.*

Deine erste Pflicht ist, Dich selbst glücklich zu machen. Bist Du glücklich, so machst Du auch andere glücklich.

LUDWIG A. FEUERBACH

Ich wünsche Dir, dass Du mit Leichtigkeit den Himmel auf Erden findest.

Überall hat man
den Himmel über sich.

FRANCESCO PETRARCA

*Ich wünsche Dir,
dass Du erkennst,
was Du wirklich willst
und dem Universum
klar und deutlich Deine
Ziele und Wünsche
mitteilen kannst.*

Wenn man sich etwas wünscht,
bekommt man es auch, man muss es nur
klar definieren, was man wirklich will.
Schick es los und sei geduldig.

HELMUT BLUM

Ich wünsche Dir, dass Du Dir selbst treu bleibst. Auch wenn Du mal unsicher bist, hab den Mut, selbstbewusst auf Dein Bauchgefühl zu hören.

Die Stille stellt keine Fragen, aber sie kann uns auf Alles eine Antwort geben.

ERNST FERSTL

Ich wünsche Dir einen Kurzurlaub vom Alltag und einen erholten und ausgeglichenen Start zurück.

Wenn das ganze Jahr über Urlaub wäre, wäre das Vergnügen so langweilig wie die Arbeit.

WILLIAM SHAKESPEARE

Ich wünsche Dir, dass Du auch die Schattenseiten des Lebens annehmen kannst und durch sie die Sonnenseite erst wirklich zu schätzen weißt.

Die ganze Vielfalt, der ganze Reiz, die ganze Schönheit des Lebens besteht aus Schatten und Licht.

LEO N. TOLSTOI

Ich wünsche Dir von Herzen, dass jeder Tag Deines Lebens mit einer kräftigen Prise herzhaften Lachens versüßt wird.

Zusammen lachen können
ist ein erster Schritt für
wahre Freundschaft.

EMILE ZOLA

Ich wünsche Dir gute Freunde, die schätzen, dass man grundverschieden ist und sich doch bestens verstehen kann. Freunde, mit denen Du Licht und Schatten teilst.

Ein Jeder hat seine eigene Art, glücklich zu sein und niemand darf verlangen, dass man es in der Seinigen soll.

HEINRICH VON KLEIST

Ich wünsche Dir einen Überfluss von Sonnentagen in Deinem Leben und dass Du in Schlechtwetterphasen Deine Lebensfreude nicht verlierst.

Die Freude ist, das Leben durch einen Sonnenstrahl hindurch gesehen.

CARMEN SYLVA

Ich wünsche Dir ein gutes Gespräch mit einem lieben Menschen, wenn Du einmal nicht weiterweißt. Möge es Dir bei Deinen Entscheidungen helfen.

Freunde sind Wegweiser
zum wahren Ich.

THOMAS ROMANUS

Ich wünsche Dir, dass Du stets an Dich glaubst und das Vertrauen hast, dass das Glück auch nach einer schweren Phase wieder zu Dir zurückkommt.

Eine schwere Zeit ist wie ein dunkles Tor. Trittst Du hindurch, trittst Du gestärkt hervor.

HUGO VON HOFMANNSTHAL

Ich wünsche Dir einen hellen Stern, der Dir Orientierung gibt und Dir den Weg zeigt, wenn Du mal nicht weiterweißt.

Möge über deinem Lebensweg immer ein glücklicher Stern strahlen.

ANTON MEILINGER

*Ich wünsche Dir,
dass Du selbstbewusst Dein
Leben meistern und Deine
Stärken gekonnt einsetzen
kannst. Habe den Mut, Deine
Schwächen nicht zu
verstecken.*

Es ist verdammt schwer einen
Menschen zu nehmen, wie er ist,
wenn er sich anders gibt, als er ist.

ERNST FERSTL

Ich wünsche Dir, dass Du Kraftorte findest, die Du von Zeit zu Zeit aufsuchen kannst, um neue Kraft zu schöpfen.

Wenn man seine Ruhe nicht in sich findet, ist es zwecklos, sie andernorts zu suchen.

FRANÇOIS DE LA ROCHEFOUCAULD

Ich wünsche Dir die Ruhe Dein eigenes Tempo zu finden, in Situationen, in denen die Zeit Dich scheinbar unter Druck setzt.

Alle Weisheit ist langsam.

CHRISTIAN MORGENSTERN

Ich wünsche Dir Dankbarkeit und Zufriedenheit mit dem, was Du hast und nie das Gefühl, dass Dir noch etwas fehlen könnte.

Zufriedenheit ist
wertvoller als Reichtum.

AUS FRANKREICH

Ich wünsche Dir Freunde, die Dein Herz sehen können und Dir auch in schwierigen Zeiten nicht von Deiner Seite weichen.

Menschen zu finden, die mit uns fühlen und empfinden, ist wohl das schönste Glück auf Erden.

CHRISTIAN MORGENSTERN

Ich wünsche Dir stets Hoffnung und dass Du Dich Deiner Träume und Wünsche nie berauben lässt.

Hoffnung ist der erste Schritt auf unserem Weg, Träume zu verwirklichen.

JEREMY A. WHITE

Ich wünsche Dir viele laue und unbeschwerte Sommernächte mit Freunden, an die Du Dich gerne mit Bauchkribbeln zurückerinnerst.

Die Freunde und das Lächeln sind der Sommer des Lebens.

JEAN PAUL

Ich wünsche Dir einen Partner, der versteht, dass man nicht nur Händchen hält, wenn alles gut ist, sondern auch nicht loslässt, wenn es schwierig wird!

Liebe macht nicht blind. Der Liebende sieht nur weit mehr als da ist.

OLIVER HASSENCAMP

Ich wünsche Dir, dass Du den Alltag nutzen kannst, um zu erkennen, wie viel Großartiges in ihm steckt.

Die Schönheit der Dinge lebt in der Seele dessen, der sie betrachtet .

DAVID HUMME

Ich wünsche Dir das Wissen, wie man sich richtig Ziele setzt und den Ehrgeiz diese auch zu erreichen.

Glücklich ist, wer ein Ziel hat und ein Neues findet, wenn er das Alte erreichte.

WILLY MÖBIUS

Ich wünsche Dir die Gabe der Großzügigkeit und dass Du durch sie noch mehr zurückbekommst, als Du gegeben hast.

Glück ist das Einzige, was wir Anderen geben können, ohne es selbst zu haben.

CARMEN SYLVA

Ich wünsche Dir die Gabe, über den Tellerrand sehen zu können und furchtlos neuen Herausforderungen gegenüberzustehen.

Was wäre das Leben, hätten wir nicht den Mut, etwas zu riskieren.

VINCENT VAN GOGH

Ich wünsche Dir Ausdauer und Besonnenheit, wenn es mal im Schneckentempo vorangeht. Denke daran, in der Ruhe liegt die Kraft.

Der Mensch ist ein vernunftbegabtes Wesen, das immer dann die Ruhe verliert, wenn von ihm verlangt wird, dass es nach Vernunftgesetzen handeln soll.

OSCAR WILDE

Ich wünsche Dir
an grauen Tagen,
die Welt trotzdem in
vielen bunten Farben
sehen zu können.

Es gibt überall Blumen
für den, der sie sehen will.

HENRI MATISSE

Ich wünsche Dir die Weisheit zu erkennen, wann Du und Dein Körper Pause brauchen und die richtigen Worte für Deine inneren Motoren.

Zeit, die wir uns nehmen,
ist Zeit, die uns etwas gibt.

ERNST FERSTL

Ich wünsche Dir,
einen unerschütterlichen
Glauben an Dich selbst
und die vielen
Gelegenheiten Dein
Inneres zu stärken.

Die schwierigste Zeit in unserem
Leben ist die beste Gelegenheit,
innere Stärke zu entwickeln.

DALAI LAMA

Ich wünsche Dir viele humorvolle Menschen in Deinem Leben, die auch bereit sind, die Freude mit Dir zu teilen.

Was der Sonnenschein für
die Blumen ist, das sind lachende
Gesichter für die Menschen.

JOSEPH ADDISON

*Ich wünsche Dir,
dass Du jeden Tag mit
einem Lächeln beginnen
kannst, auch wenn Du mal
mit dem falschen Fuß
aufgestanden bist.*

Um einen fröhlichen Tag
zu erleben, muss man einen
fröhlichen Tag erwarten.

WALDEMAR BONSELS

Ich wünsche Dir, dass Dich jemand von ganzem Herzen liebt und Du ihn.

Es gibt nichts Schöneres, als geliebt zu werden, geliebt um seiner Selbstwillen oder vielmehr trotz seiner Selbst.

VICTOR HUGO

*Ich wünsche Dir
den Mut Dich nicht
verstecken zu müssen,
und das Du weißt, dass
Dich Deine bunten Facetten
einzigartig machen.*

Der höchste Genuss besteht in der
Zufriedenheit mit sich selbst.

JEAN-JACQUES ROUSSEAU

Ich wünsche Dir Momente voller Leichtigkeit. Ohne Sorgen, die Deine Freude trüben könnten, um die ganze Schönheit des Moments genießen zu können.

Willst Du Dich am Ganzen erquicken, so musst Du das Ganze im Kleinsten erblicken .

JOHANN WOLFGANG VON GOETHE

Ich wünsche Dir, dass sich ab und zu ein echter Herzenswunsch für Dich erfüllt.

Das Schönste im Leben
ist der Wunsch, das
Nächstschönste die Erfüllung.

MARGARET MITCHELL

Ich wünsche Dir, dass Du immer fit und munter bist und stets weißt, was Körper, Geist und Seele gesund hält.

Wie wertvoll die Gesundheit ist, erkennt man bereits daran, dass es sehr viele Krankheiten, aber nur eine Gesundheit gibt.

ERNST FERSTL

Ich wünsche Dir den Mut, auch dann scheinbar unmögliche Aufgaben zu starten, wenn Dir von allen Seiten Gegenwind ins Gesicht blässt..

Ein Mensch, der nicht manchmal das Unmögliche wagt, wird das Mögliche nie erreichen .

MAX VON EYTH

Ich wünsche Dir die volle Kraft des Augenblicks und die spirituelle Fähigkeit, das Hier und Jetzt zu leben. .

Die beste Zeit etwas
zu tun, ist immer jetzt.

KURT HABERSTICH

Ich wünsche Dir den Ehrgeiz und den Tatendrang, um neue Gipfel zu erklimmen und unbekanntes Territorium zu erforschen.

Die Glücklichen sind neugierig.

FRIEDRICH NIETZSCHE

Ich wünsche Dir gesunden Appetit, und die Freiheit hin und wieder kleinen Versuchungen nachgeben zu können.

Wir benötigen den Appetit der Neugier, um in den Genuss neuer Entdeckungen zu kommen.

ERNST FERSTL

Ich wünsche Dir Abenteuer und gelegentlich auch einmal ein bisschen Nervenkitzel, damit Dein Leben aufregend bleibt und nicht trist und langweilig wird.

Das Leben ist zu aufregend,
als dass man gemütlich darin
herumsitzen dürfte.

PETER BAMM

Ich wünsche Dir pure Lebensfreude, ein erfülltes Leben und herzhaftes Lachen, um den Mühseligkeiten des Lebens entgegenzuwirken.

Drei Dinge helfen, die
Mühseligkeiten des Lebens
zu tragen: die Hoffnung,
der Schlaf und das Lachen .

IMMANUEL KANT

Ich wünsche Dir,
dass Dir das Leben
immer und übeall die
schönsten Gedanken
und Erlebnisse ins
Herz schreibt.

Das Herz bleibt ein Kind.

ERNST FERSTL

Ich wünsche Dir helfende Arme, die Dich auffangen, wenn Du das Gefühl hast zu fallen.

Ohne Glauben an ihre Dauer wäre die Liebe nichts, nur Beständigkeit macht sie groß.

HONORÉ DE BALZAC

Ich wünsche Dir die Kraft und den Mut, Nein zu sagen, wenn Dir Dein Bauchgefühl abrät.

Nein!

Die Fähigkeit, das Wort
Nein auszusprechen, ist der
erste Schritt zur Freiheit.

NICOLAS CHAMFORT

Ich wünsche Dir Überschwänglichkeit und Lebensfreude eines kleinen Kindes, das jubelt und Luftsprünge macht.

Nichts lockt die Fröhlichkeit mehr an als die Lebenslust.

ERNST FERSTL

Ich wünsche Dir weise Eingebungen Deine Wünsche richtig einschätzen zu können, denn sie werden Dein Leben verändern.

Wünsche sind nie klug.
Das ist sogar das Beste an ihnen.

CHARLES DICKENS

Ich wünsche Dir viele kleine Wunder in Deinem Leben, die Deine Tage erhellen und Dein Leben besonders machen.

Glück entsteht oft durch
Aufmerksamkeit in kleinen Dingen,
Unglück oft durch Vernachlässigung
kleiner Dinge.

WILHELM BUSCH

Ich wünsche Dir von Herzen beflügelnde Begegnungen, die Dich prägen und in gute Erinnerungen zurückblicken lassen.

Das schönste Denkmal, das ein Mensch bekommen kann, steht in den Herzen der Mitmenschen.

ALBERT SCHWEITZER

Ich wünsche Dir den Mut, Deine Komfortzone zu verlassen und Dich auf neue Abenteuer einzulassen.

Dem wahrhaft Neugierigen
erschließt sich alles, was das Leben
zu bieten hat.

WILLIAM MORRIS DAVIS

Ich wünsche Dir, dass Du verstehst, dass Glaube immer eine Entscheidung ist, die Du selbst triffst oder bereits getroffen hast. Daher entscheide weise, was Du glaubst und was nicht.

Wenn es einen Glauben gibt, der Berge versetzen kann, so ist es der Glaube an die eigene Kraft.

MARIE VON EBNER-ESCHENBACH

Mein Herzenswunsch an Dich ist, dass Deine Träume die Tatkraft in Dir auslösen.

Was immer Du tun kannst oder wovon Du träumst – fang damit an. Mut hat Genie, Kraft und Zauber in sich.

JOHANN WOLFGANG VON GOETHE

Ich wünsche Dir die besten Freunde, die Dich retten, wenn Du zu kentern drohst und Deine Welt ins Wanken gerät.

Der Freund ist Einer, der alles von Dir weiß, und der Dich trotzdem lieb.

ELBERT HUBBARD

Ich wünsche Dir
viele Tage mit Sonnenlicht
und Wärme, damit Dein
Energielevel steigt und
Du mit Lebensfreude
aufgeladen wirst.

Die Sonne scheint für Dich, deinetwegen, und wenn sie müde wird, fängt der Mond an, und dann werden die Sterne angezündet.

SØREN KIERKEGAARD

Ich wünsche Dir unendlich viele Glücksmomente mit vielen kleinen Schmetterlingen im Bauch.

Glück ist wie ein Schmetterling. Will man es einfangen, so entwischt es einem immer wieder. Doch wenn Du geduldig abwartest, lässt es sich vielleicht auch von selbst auf Deiner Hand nieder.

NATHANIEL HAWTHORNE

Ich wünsche Dir pure Lebensfreude. Ich hoffe, Du fühlst Dich immer fit, stark, mutig, schlau und einfach wunderschön.

Sei eine erstklassige Ausgabe Deiner Selbst, keine Zweitklassige von Jemandem anderem.

JUDY GARLAND

Ich wünsche Dir
die Fähigkeit, jeden Tag
ein Stück vom Glück
zu angeln.

Man sieht oft etwas hundertmal,
tausendmal, ehe man es zum
allerersten Mal wirklich sieht.

CHRISTIAN MORGENSTERN

Ich wünsche Dir von Herzen, dass Du bereit bist zu Lieben und Menschen findest, dasselbe zu tun.

Es muss von Herzen kommen,
was auf Herzen wirken soll.

JOHANN WOLFGANG VON GOETHE

Ich wünsche Dir, dass Du die Freiheit hast zu sagen, was Du denkst und zu tun, wonach Dir der Sinn steht. Auch dann, wenn Du manches Mal Gegenwind spürst.

Zum Glück benötigst Du Freiheit,
zur Freiheit benötigst Du Mut.

PERIKLES

Ich wünsche Dir, dass Du Dir immer dann ein Herz fasst, wenn Du mal über Deinen eigenen Schatten springen musst. Auch dann, wenn es Dir schwerfällt.

Das größte Hindernis in unserem Leben sind wir selbst.

GUDRUN ZYDEK

Ich wünsche Dir von Herzen, dass Du nur so sprudelst vor neuen Ideen und Kreativität. Mögest Du dabei auch Andere motivieren.

Dem Fröhlichen gehört die Welt, die Sonne und das Himmelszelt.

THEODOR FONTANE

Ich wünsche Dir von Herzen, dass Du immer einen Grund zu feiern findest. Auch dann, wenn es keinen besonderen Anlass gibt.

Man muss die Feste feiern,
wie sie fallen.

DEUTSCHES SPRICHWORT

Ich wünsche Dir
einen lieben Menschen,
der Dir mit einem
Lächeln einen
stressigen Tag
versüßt.

Ein Lächeln schafft Zugang
zum Herzen.

BRIGITTE THEILEN

Ich wünsche Dir,

dass Du Dein Leben in vollen Zügen genießen kannst und glücklich dabei bist.

Es ist schwer, das Glück in uns zu finden und es ist ganz unmöglich, es Anderswo zu finden.

NICOLAS CHAMFORT

Ich wünsche Dir
die Fähigkeit, kurz
innezuhalten, tief
durchzuatmen und
Dich auf das
Wesentliche
zu konzentrieren
– immer dann,
wenn es stressig wird.

Innehalten so dann und wann ist das
Kostbarste, was wir uns selbst
schenken können.

GUDRUN KROPP

Ich wünsche Dir, dass Du die Welt mit Kinderaugen sehen kannst und nicht immer alles so ernst nehmen musst.

Mit Kindern zusammen zu sein,
ist Balsam für die Seele.

FJODOR M. DOSTOJEWSKIJ

Ich wünsche Dir ganz viele schöne Augenblicke, die besonders für Dich sind und die Du als kostbaren Schatz in Deinem Herzen aufbewahren kannst.

Was man vergisst, hat man im Grunde nicht erlebt.

ERNST R. HAUSCHKA

Ich wünsche Dir
einen Menschen an
Deiner Seite, mit
dem Du alles doppelt
so schön erleben
kannst.

Die Summe unseres Lebens sind die
Stunden, in denen wir lieben.

WILHELM BUSCH

Ich wünsche Dir
von Herzen, dass
Niemand
es schafft, Dir
den Wind aus
Deinen Segeln
zu nehmen.

Die Kunst, ein Hindernis zu nehmen, besteht oft darin, es nicht für ein Solches zu halten.

PETER SIRIUS

Ich wünsche Dir viele kraftvolle Momente, in denen Du liebevoll die ganze Welt umarmen möchtest.

Schön ist eigentlich alles, was man mit Liebe betrachtet. Je mehr Jemand die Welt liebt, desto schöner wird er sie finden.

CHRISTIAN MORGENSTERN

Ich wünsche Dir die Kraft, nie die Hoffnung zu verlieren, auch wenn die Aussichten trüb sind.

Die Hoffnung ist der Regenbogen über dem herabstürzenden Bach des Lebens.

FRIEDRICH NIETZSCHE

Ich wünsche Dir die Leidenschaft und Tatkraft, damit Du auch die schwierigsten Aufgaben meistern kannst.

Wenn man Spaß an einer Sache hat,
dann nimmt man sie auch ernst.

GERHARD UHLENBRUCK

Ich wünsche Dir für jeden Tag eine wunderschöne Überraschung, über die Du Dich von Herzen freuen kannst.

Stets findet Überraschung statt.
Da, wo man's nicht erwartet hat.

WILHELM BUSCH

*Ich wünsche Dir
einen stressfeien Alltag,
an dem Du auch mal
ohne schlechtes
Gewissen einen Tag
vertrödeln kannst.*

Die Arbeit ist etwas Unnatürliches.
Die Faulheit allein ist göttlich.

ANATOLE FRANCE

Ich wünsche Dir einen Ort, an den Du gehen kannst, wenn Du Geborgenheit brauchst und Dich sicher fühlen willst.

Oh, welcher Zauber liegt in diesem kleinen Wort: Daheim.

EMANUEL GEIBEL

Ich wünsche Dir die Geborgenheit liebevoller Menschen, die Dir in schwierigen Lebenslagen den Weg zum Licht am Ende des Tunnels zeigen und ihn mit Dir gehen.

Anteilnehmende Freundschaft macht das Glück strahlender und erleichtert das Unglück.

MARCUS TULLICUS CICERO

Ich wünsche Dir den Mut, Du selbst zu sein und das Du Dich für Niemanden verbiegen mußt.

Ohne den Glauben an unsere Einzigartigkeit fehlt uns der Schlüssel zur Tür unseres Selbstbewusstseins.

ERNST FERSTL

Ich wünsche Dir gerechte Menschen, mit denen Du die schönsten Momente im Leben teilen kannst.

Mit Kummer kann man allein fertig werden, aber um sich aus vollem Herzen freuen zu können, muss man die Freude teilen.

MARK TWAIN

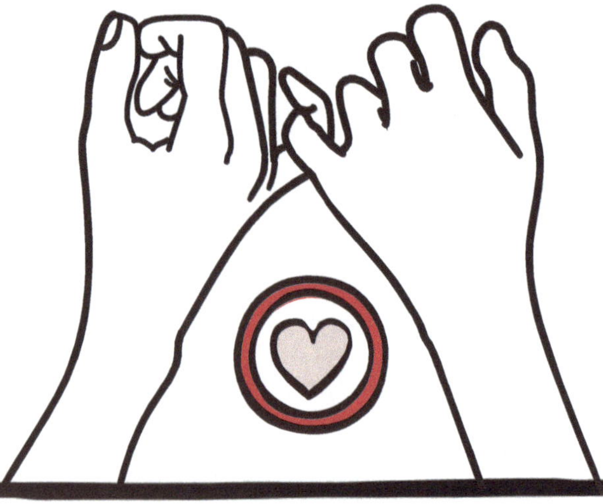

Ich wünsche Dir unvergessliche Momente, aus denen Du schöpfen kannst, um neue Energie in Dein Leben zu ziehen.

Gib jedem Tag die Chance, der schönste Deines Lebens zu werden.

MARK TWAIN

Ich wünsche Dir ein gesundes Maß an Liebe und die Gabe, zu wissen, wann es genug ist.

Wenn du damit beginnst, Dich denen aufzuopfern, Die Du liebst, wirst du damit enden, die zu hassen, denen Du Dich aufgeopfert hast.

GEORGE BERNARD SHAW

Ich wünsche Dir die wahre Liebe, von ganzem …

Das einzig Wichtige im Leben sind die Spuren der Liebe, die wir hinterlassen, wenn wir gehen.

MARK TWAIN

Schlusswort.

Dieses Büchlein soll für Dich ein „Lebensbegleiter“ sein.

Nimm es zur Hand und lies ein paar Wünsche, wenn es Dir schlecht geht. Nimm es zur Hand, wenn Du Motivation brauchst. Nimm es zur Hand, wenn Du Mut brauchst. Nimm es zur Hand, wenn Du Stärke brauchst.

Vor allem aber nimm es zur Hand, wenn Du vergessen hast, dass es da draußen Menschen gibt, denen Du sehr wichtig bist.

Wenn man Jemanden nur das Beste wünscht, dann kommt es tief aus dem Herzen.

Impressum.

Bei Fragen, Feedback, Kritik und Anregungen:
info@bloomaris-verlag

ISBN Taschenbuch: 978-3-910410-06-0
ISBN eBook: 978-3-910410-07-7

bloomaris Verlag
Olchinger Str. 7 B
82275 Emmering

1. Auflage 2022

bloomaris Verlag.

Buch im Auftrag des bloomaris Verlags
Autorin im Auftrag des bloomaris Verlags

bloomaris

bloomaris Verlag
Olchinger Str. 7 B
82275 Emmering

Jahr der Veröffentlichung 2022

Printed in Poland
by Amazon Fulfillment
Poland Sp. z o.o., Wrocław

13340896R00057